UN MOT

D'UN EX-CURÉ LIBÉRAL

DE GENÈVE

AU CLERGÉ DE FRANCE.

LYON

J. B. PÉLAGAUD

IMPRIMEUR DE N. S. P. LE PAPE ET DE L'ARCHEVÊCHÉ DE LYON

Rue Sala, 58.

1877

I.

Pourquoi cet écrit?

Experto credite.... (VIRG.)

J'écris ces quelques lignes pour avertir charitablement mes confrères de France, de ne pas croire aux promesses qu'on pourrait leur faire pour les attirer à Genève. Je sais que le Conseil supérieur du schisme envoie, de temps en temps, en France, pour essayer de recruter des prêtres, un de ses membres qu'il reconnaît comme le plus *doux* et le plus *charmant*, et que moi j'appelle le loup couvert d'une peau d'agneau (1). Défiez-vous donc, chers collègues, de ce faux prophète qui se dit « envoyé », mais que Dieu ne connaît pas et qui pourrait vous séduire comme malheureusement je l'ai été moi-même. Défiez-vous de ses allégations mensongères qui tendraient à vous faire croire que l'Eglise schismatique de Genève est désirée par les Catholiques genevois. Défiez-vous de cet homme perfide, qui, pour vous asservir, parle de liberté.

Défiez-vous, enfin, de tous ces rêveurs politiques de

(1) M. Pacherot, conseiller supérieur du schisme, curé de Lancy, interdit par Mgr l'Archevêque d'Aix avant son apostasie.

Genève, qui se tiennent en garde contre Pie IX, comme envers un ennemi; qui s'effraient du *dogme* de l'*infaillibilité* comme de l'explosion des foudres du Vatican, et du *Syllabus* comme d'un interdit lancé sur tous les peuples de la terre. Pour moi, je vous préviens du danger et me rallie à ce cri que faisait entendre saint Jérôme, dès le quatrième siècle, en s'adressant au pape Damase :

« Je m'attache de toutes mes forces à votre Chaire
« apostolique. Celui qui demeure avec vous, recueille,
« et celui qui ne recueille pas avec vous, dissipe. »

Un ex-Curé libéral de Genève.

II.

Pourquoi suis-je venu dans l'église schismatique de Genève, et pourquoi l'ai-je quittée?

Je voudrais passer sous silence le petit chapitre dont je viens d'énoncer le titre; car il est douloureux pour moi de faire ma confession publiquement. Mais, comme il est toujours honorable de se repentir, je parlerai avec une entière franchise.

Tel prêtre a pu prendre le chemin de Genève pour

se soustraire au dogme de l'infaillibilité ; tel autre s'est
vu dans la nécessité d'aller retrouver à Genève, par
la grâce de « Monseigneur Carteret », la cure qu'il
avait perdue, par son inconduite, dans son diocèse.
Pour moi, j'ai quitté mon ministère pour aller trouver à
Genève le moyen de me marier. A l'exemple de l'Enfant prodigue, je partis sans réfléchir, je m'éloignai
sans regret du diocèse qui m'avait accueilli avec bonté,
je m'abandonnai à ma passion sans même dire adieu
à ma famille en pleurs, à une mère inconsolable. Je
puis dire, comme lui, que je m'étais enfoncé et perdu
dans une région éloignée. Oh ! qu'il est vraiment relé-
gué dans une contrée lointaine, le prêtre qui a violé
ses engagements ! Oh ! qu'il est malheureux le prêtre
à Genève ! Ce n'est plus le même ciel, ce n'est plus
le même air qu'on respire. Plus de pensées chré-
tiennes, d'affections saintes, de sentiments de foi,
d'espérance, d'amour. Jésus-Christ chassé du temple
de ma paroisse, gardait un silence terrible. Je n'avais
devant moi qu'une Eglise abandonnée d'où le Maître
était absent ; mes cris se perdaient dans le désert.
Moi aussi, à l'exemple du Prodigue, j'avais secoué le
joug d'un Evêque pour venir servir les caprices « des
Reverchon et des Maréchal », de ces hommes, en un
mot, qui ont rompu tous les liens de la Religion ; qui
ne dépendent plus ni de Dieu, ni de son Eglise, ni de
la conscience, ni de l'honneur ! ! ! ! !

Non, prêtres libéraux de Genève, vous n'avez fait
que changer de maître, et pour un évêque juste et
bon que vous avez rejeté, vous vous êtes imposé une

cinquantaine de tyrans aveugles et cruels (1). Oui, vous vous êtes mis au service et à la solde de ces misérables. Quant à moi, je n'ai plus voulu manger un pain si amer; je suis rentré en moi-même, j'ai eu horreur de mon séjour à Genève, et, à l'exemple de l'Enfant prodigue, je me suis levé et me suis dit : « Ah! sors, sors de cette terre où tu n'as recueilli que la honte et les insultes ! Mais où iras-tu? J'irai vers l'illustre Evêque de Genève, exilé de sa patrie. Je lui dirai : Monseigneur, voilà une brebis égarée ; elle est digne d'intéresser votre bonté de pasteur. »

Comme mon repentir était sincère, je n'ai pas écouté ces timides conseils, qui ébranlent les volontés faibles : « Que dira-t-on de toi? » Je n'ai pas même voulu écouter les avis d'un confrère, qui me recommandait de ne rien précipiter, de laisser mûrir ces projets, etc., etc.

J'ai abandonné la paroisse dans laquelle j'avais eu le malheur de venir troubler la paix religieuse et la joie des familles, et j'allai trouver Mgr Mermillod, dont le cœur compatissant sut comprendre mon cœur malheureux.

(1) L'exemple de M. Langlois, curé libéral du Grand-Saconnex, en est une preuve frappante.

III.

Que font les prêtres dans l'église schismatique de Genève?

J'étonnerai tout le monde et scandaliserai peut-être les honnêtes gens si je disais que les Curés schismatiques, surtout à la campagne, n'ont d'autres choses à faire que boire, manger, dormir et se promener. Pour moi, j'ai honte d'avouer que pendant les cinq mois que je suis resté dans une paroisse, je n'ai ni baptisé, ni marié, ni enterré personne. Le Conseil supérieur du schisme m'amusait beaucoup lorsqu'il m'envoyait à plusieurs reprises une grande feuille de papier pour indiquer le nombre et l'âge des enfants qui fréquentaient le cours de Religion. Me trouvant dans l'embarras d'une réponse, j'allai trouver le maître d'école pour lui demander si quelques enfants resteraient à mon cours. — « Monsieur le Curé, répondit-il en souriant, je crois bien que vous ne pouvez compter que sur un, et encore, vous avez besoin d'attendre quelques années, car il est trop jeune pour suivre un cours de Religion. » — « Et quel est le père, en effet, je ne dirai pas vertueux, mais prévoyant et avisé, qui voudrait confier son enfant à un prêtre schismatique qui a méconnu les devoirs sacrés de son ministère. »

Toute mon occupation se résumait donc à un office sacrilége, le dimanche, auquel assistaient ordinairement huit hommes y compris le gendarme. Je n'aurais pas voulu dire ceci pour l'honneur de Genève, mais il est bon, quelquefois, de rappeler certaines vérités à un gouvernement qui gaspille l'argent du peuple.

IV.

Quels sont les hommes qui composent le Conseil supérieur et les Paroisses du schisme ; et le mal que celui-ci fait au Commerce.

Je parlerai ici en homme *convaincu* ; car le portrait, que je vais faire en ce moment, est tiré sur l'original.

Les libéraux de Genève sont donc des hommes livrés à tous les désirs insensés de leurs cœurs, qui dans la crainte des justes châtiments dont la religion du Christ les menace, tâchent de se prouver à eux-mêmes la fausseté de cette religion, pour se rassurer contre leurs remords, et de la prouver au peuple ignorant et corrompu pour le rendre plus indulgent en le rendant son complice.

J'ajouterai que dans la commune où j'habitais, le Conseil de paroisse était composé de cinq *personnages* incrédules et libertins; mais le plus mal famé était à coup sûr le Président.

Cet individu, aussi ignorant qu'ambitieux, aussi ridicule qu'impie, avait cherché à se faire nommer député dans les dernières élections, parce qu'il avait commencé le mouvement catholique-libéral dans sa commune. (*Un joli mouvement, en effet !!*)

Cependant, malgré tout le vin qu'il a fait boire à ses électeurs, il a été ignominieusement rejeté. Les députés ne voulaient pas parmi eux un homme, qui, depuis vingt ans, vit en concubinage avec une femme mariée; des libéraux eux-mêmes, l'ont en horreur !

Et pourtant ce sont ces hommes qu'un gouvernement, dirai-je pervers ou insensé ! a placés à la tête de l'église schismatique !

Etranges apôtres, qui détruisent la morale évangélique, si belle et si pure, la morale même naturelle, pour leur substituer une morale profane, impie, plus que païenne, destructive de tous les principes d'honneur et de vertu !

Quelle religion en effet que celle où le Pape n'est représenté que sous les couleurs d'un tyran, qui prend plaisir à asservir les nations; où la vertu se définit par le plaisir; où l'idée de l'enfer est traitée de vains scrupules, où la calomnie et la folie ont toujours raison; où enfin l'on divise les amis, où l'on soulève les

familles contre les familles, où, en un mot, l'on trouble
la paix de tout le Canton.

O Genève ! cesse de te plaindre du nombre toujours
décroissant des voyageurs, qui autrefois encombraient
tes rues ; de tes hôtels aujourd'hui presque vides, de
tes superbes magasins où le monde n'accourt plus
comme par le passé !

Applaudis-toi plutôt de tes succès ! La voilà cette
église libérale, la voilà telle que tu l'as faite, en
chassant ton évêque et tes prêtres que Dieu avait
placés à sa tête pour la gouverner ! Et pourquoi te
plaindrais-tu !.....

Mais non ; je ne veux pas augmenter tes douleurs :
je sais bien que dans tes campagnes surtout tes habitants ont toujours repoussé les schismatiques : je sais,
par ma triste expérience, que sur 1,200 habitants (1),
dix-huit seulement m'avaient appelé dans leur paroisse; je sais enfin que dans tes campagnes les habitants ont bien mérité de la religion de tes pères. Ces
braves gens, en effet, ne savent qu'imaginer pour
donner à leurs sentiments religieux l'expression la
plus solennelle.

Ah! si toutes ces choses étaient racontées, si elles
pouvaient être vues du monde entier, l'impiété qui
proclame à Genève la déchéance du catholicisme romain, rabattrait beaucoup de la hauteur de son lan-
gage.

(1) Risum teneatis amici ?

V.

A quelles ruses ont recours les hommes du schisme pour faire mépriser l'Eglise romaine.

L'impiété des schismatiques n'est point encore lassée à Genève ; et après tant de vains efforts et tant de défaites, elle médite de nouvelles attaques contre l'Eglise de Rome. Les soi-disant *libéraux* de Genève, toujours dominés par une grande passion, *la haine du catholicisme*, dénaturent l'histoire, parodient la Cour Romaine, indignement travestie sous leur plume effrontée, assaisonnent l'impiété par l'hypocrisie sacrilége, et répètent tous les jours ces mots trop connus : « Calomnions toujours, il en restera quelque chose. »

Dans les ateliers du *Catholique national*, organe du schisme, s'aiguisent des plumes haineuses qui, distillant leur venin dans cette petite feuille corruptrice, travaillent sans relâche à faire mépriser l'Eglise de Rome dans le cœur du peuple. Les écrivains de cette feuille immonde tantôt attaquent à découvert la religion dans sa base, ses dogmes, ses mystères ; tantôt vont exhumer, à grands frais, de la poussière des siècles, où ils étaient oubliés, des faits surannés qu'ils dénaturent et exagèrent. Un de ces misérables écrivains a eu l'audace de venir chez moi pour me prier de lui raconter les *scandales* de la cour Romaine, *car*, disait-il, *vous devez en avoir vu de belles !* — Indigné de tant de perfidie, je lui répondis que je n'avais rien à lui dire, et le congédiai, en accentuant ces mots, qu'il doit se rappeler à l'heure qu'il est (1) : « Monsieur, la démence ne prévaudra jamais contre le sens commun ; et sachez que Dieu, en permettant que le mensonge ait son heure, a promis à la vérité la durée de tous les siècles. »

Je rougissais, tous les samedis, en recevant le *Catholique national*, parce que j'étais sûr d'avance d'y lire ou les scandales d'un tel abbé, ou les miracles de Lourdes tournés en ridicule.

Mais laissons de côté ces productions dégoûtantes que l'honnêteté publique réprouve aussi bien que la religion, et n'allons pas remuer cette boue. J'ai voulu seulement montrer les égoûts infâmes où le *Catholique national* va ramasser les ordures pour salir l'Eglise romaine. Insensé ! Il ne s'aperçoit pas que l'Eglise romaine est semblable au soleil dont les rayons ne seront jamais ternis par la boue. Je voudrais que tout le monde à Genève, à l'exemple de M. Langlois (2), chassât de sa maison ce journal empoisonné !

(1) Le 25 décembre dernier.
(2) M. Langlois, curé libéral du Grand Saconnex.

VI.

L'effet merveilleux produit par le schisme.

Grâce à la force du gendarme, aux talents bien connus de Mr Gasdorf (1), à la complicité d'une minorité incrédule, il a été donné au schisme de prévaloir. Je me hâte de le dire, dans cette tempête suscitée contre les catholiques genevois, on ne craint point un naufrage. — L'Eglise romaine, depuis sa jeunesse, a eu à soutenir plus d'un combat; mais ses ennemis n'ont rien pu contre elle (2). Qu'a-t-elle à craindre, en effet, d'une poignée de libres-penseurs, sans valeur personnelle, sans loyauté, qui déshonorent la *liberté* par la profanation qu'ils font de son saint nom?

Jetez un regard dans ces paroisses de campagne, toutes restées fidèles à leur illustre Evêque, où le pauvre Curé schismatique (comme il est arrivé à moi-même) a besoin de se faire protéger par les gendarmes, et vous verrez les habitants protester avec leur

(1) C'est le nom du fameux serrurier qui décrochette les églises au taux de 100 fr. par expédition.

(2) Sæpe expugnaverunt me à juventute mea, etenim non potuerunt mihi. (Ps. 128.)

digne et vénérable Curé par des drapeaux de deuil, par les volets et les fenêtres peints en noir, par les commandements de Dieu rappelés publiquement aux transgresseurs, enfin par leurs gémissements, par leur prière unanime, qui portera bientôt leur cause devant le tribunal de Dieu, qui juge les oppresseurs.

Loin de gagner un seul catholique romain à la cause du schisme, dans la commune de X, ma présence a fait un bien immense à la foi des indifférents. Ceux-ci ont éprouvé comme un réveil mystérieux de cette foi qui pendant de longues années peut-être sommeillait dans leur cœur. Il fallait voir, en effet, ces braves catholiques, depuis mon arrivée dans leur paroisse, accourir en foule dans leur immense grange, devenue tout à coup trop étroite pour les contenir; tandis que le Curé intrus, dans leur vieille église, prêchait dans le désert.

Les Curés romains peuvent seuls s'appliquer avec vérité ce vers sublime que le poète met dans la bouche d'un héros de Rome antique :

« Rome n'est plus dans Rome, elle est toute où je suis. »

Oui, dans le Canton de Genève l'Eglise de Jésus-Christ n'est plus dans les anciens monuments, qui portent extérieurement le nom d'église, mais dans les granges des prêtres chassés !

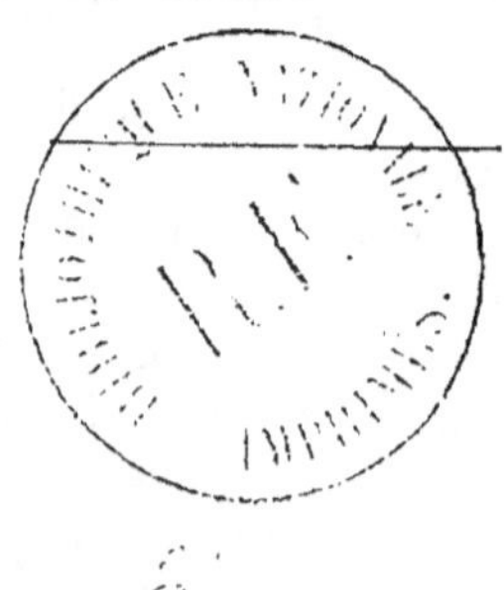